Conoce la familia

Mis abuelos

por Mary Auld

Gareth Stevens Publishing
A WORLD ALMANAC EDUCATION GROUP COMPANY

Aquí está Patrick con los
padres de su papá, la abuela
Frances y el abuelo Bill.
Son dos de los cuatro abuelos
de Patrick

Aquí está James con
el papá de su mamá.
James lo llama abuelo.

Sien y Ann estaban
muy tristes cuando
se murió su abuelo.
Ellas lo recuerdan
viendo fotos de él
con sus padres.

La abuela de Rosie la cuida cuando sus papás están en el trabajo.

Los abuelos de
Ed viven con él
y con su familia.

El abuelo de
Ali es médico.

La abuela de Claire trabaja en
una tienda.

El abuelito de Pete está jubilado. Ahora pasa mucho tiempo con Pete. Ellos hacen muchas cosas juntos.

A Kirstie le gusta pasar
la noche con sus abuelos.

El abuelo de Mick
lo lleva a nadar.

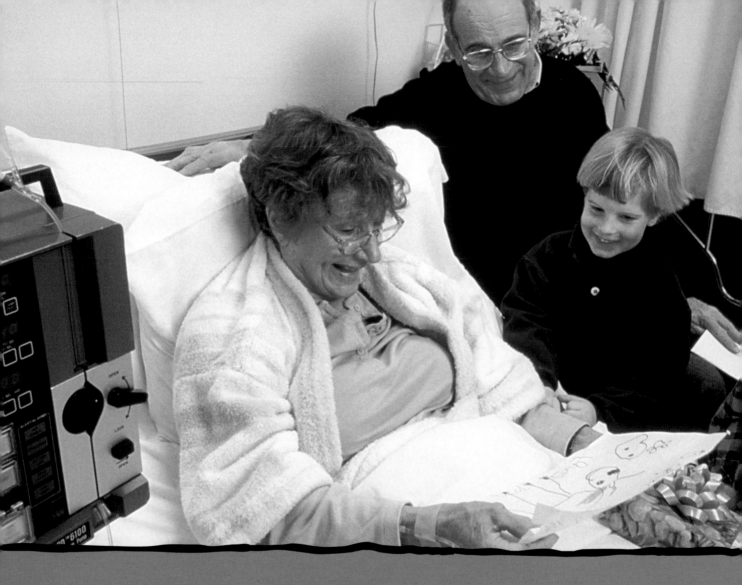

La abuela de Ben está enferma.
Ben va con su abuelo a visitarla
al hospital.

Los abuelos de Hannah viven lejos. Ella habla mucho por teléfono con ellos.

Aquí está Saffron con su mamá, su abuela y su bisabuela. La bisabuela es la mamá de la abuela de la mamá de Saffron.

¿Cómo son tus abuelos?

Palabras sobre la familia

Aquí hay unas palabras que la gente usa
cuando habla de sus abuelos o su familia.

Nombres para abuelos:
abuelita, abuela, abuelito, abuelo.

Nombres para padres:
**padre, papi, papá, papa ,
madres, mami, mamá, mama.**

Nombres de otros parientes:
**hermana, hermano, hija, hijo,
tío, tía, sobrino, sobrina**

Los bisabuelos o tíos abuelos son personas a quienes
les separa una generación de nosotros.
Mira el árbol genealógico de la familia en la página 24.
Cada nivel corresponde a una generación.

Árbol Genealógico

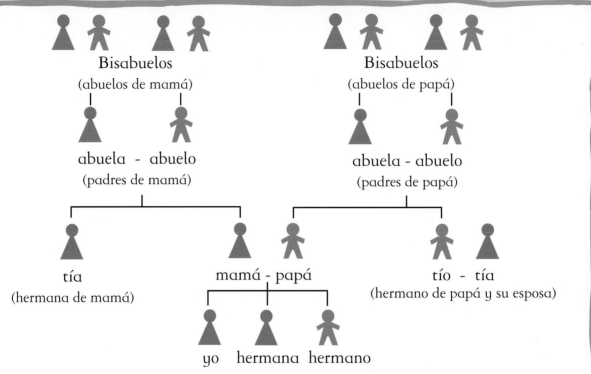

Puedes mostrar cuál es tu relación con respecto a toda tu familia en un esquema como éste. Se llama árbol genealógico. Cada árbol genealógico es diferente. Intenta dibujar el tuyo.

Please visit our web site at: www.garethstevens.com
For a free color catalog describing Gareth Stevens Publishing's list of high-quality books and multimedia programs, call 1-800-542-2595 (USA) or 1-800-387-3178 (Canada). Gareth Stevens Publishing's fax: (414) 332-3567.

Library of Congress Cataloging-in-Publication Data

Auld, Mary.
   [My grandparents. Spanish]
   Mis abuelos / por Mary Auld.
      p. cm. — (Conoce la familia)
   Translation of :My grandparents
   Summary: Explains, in brief text and illustrations, the meaning of the terms "grandparent" and describes the role of grandparents in a family and their relationship with their grandchildren.
   ISBN 0-8368-3934-X (lib. bdg.)
   1. Grandparents—Juvenile literature. 2. Grandparent and child—Juvenile literature. [1. Grandparents. 2. Family. 3. Spanish language materials.} I. Title
HQ759.9.A9518 2004
306.874'5—dc22   2003053886

This North American edition first published in 2004 by Gareth Stevens Publishing, A Member of the WRC Media Family of Companies, 330 West Olive Street, Suite 100, Milwaukee, WI 53212 USA

This U.S. edition copyright © 2004 by Gareth Stevens, Inc. First published in 2003 by Franklin Watts, 96 Leonard Street, London EC2A 4XD. Original copyright © 2003 by Franklin Watts.

Series editor: Rachel Cooke
Art director: Jonathan Hair
Design: Andrew Crowson
Gareth Stevens editor: Betsy Rasmussen
Gareth Stevens art direction: Tammy West

Picture Credits: Bruce Berman/Corbis: front cover center below. www.johnbirdsall.co.uk: front cover top, 12, 17. Jon Feingersh/Corbis: 9. Carlos Goldin/Corbis: front cover main, 22. Sally Greenhill/Sally & Richard Greenhill PL: 5, 10-11. Tom & Dee Ann McCarthy/Corbis: 6, 19b. Brian Mitchell/Photofusion: 16. Jose Luis Pelaez/Corbis: front cover bottom, 19cl. Karen Robinson/Photofusion: 13. George Shelley/Corbis: front cover center above. Ariel Skelley/Corbis: front cover center, 20. Liz Somerville/Photofusion: 2. Tom Stewart/Corbis: 18. David Woods/Corbis: 1, 14-15. While every attempt has been made to clear copyright, should there be any inadvertent omission please notify the publisher regarding rectification.

Printed in the United States of America

2 3 4 5 6 7 8 9 10 09 08 07 06